Sabine Seyffert



# IM BUNTEN BASTELSPIELELAND

Zahlreiche Beschäftigungsideen mit einfachen Materialien

Illustrationen: Susanne Krauß

Menschenkinder®

2. Auflage 2002
Menschenkinder® Verlag, 48157 Münster

**Druck:** Westermann Druck Zwickau GmbH
**Redaktion:** Jutta Nymphius, Hamburg
**Satz und Layout:** FACHWERK Werbe- und Projektagentur, Münster

Printed in Germany 2002

Die Deutsche Bibliothek - CIP-Einheitsaufnahme

Im bunten BastelSpieleLand:
Bastel- und Spielbuch über zahlreiche Beschäftigungsideen
mit einfachen Materialien/Sabine Seyffert.
Ill.: Susanne Krauß. - Münster: Menschenkinder®, 2002
ISBN 3-89516-121-7

## Vorwort

## Es knistert und raschelt

### Beschäftigungsideen mit Zeitungen und Papier



## Da rappelt's im Karton!

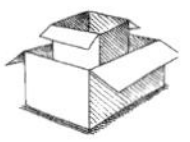

### Beschäftigungsideen mit Schachteln und Kisten



## Hier guckt keiner in die Röhre!

### Beschäftigungsideen mit Papprollen



## Leiser Flug und lauter Knall

### Beschäftigungsideen mit Luftballons

## Eine runde Sache

### Beschäftigungsideen mit Bällen, Kugeln und Murmeln



## Auf Tuchfühlung

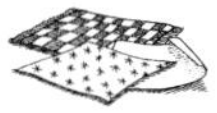

### Beschäftigungsideen mit Tüchern und Decken



## Wildes Rempeln, sanftes Schaukeln

### Beschäftigungsideen mit Kissen

# VORWORT

Ob zu Hause oder unterwegs, auf einer Geburtstagsparty oder in der Spielgruppe, ob im Kindergarten oder in der Schule: Die über 100 Spielaktionen in diesem Buch sind fast immer und überall anwendbar. Dabei sind sie so konzipiert, dass die Kinder sie meist allein durchführen oder sie zumindest phantasievoll abändern und erweitern können. Denn dann macht das Spielen natürlich noch viel mehr Spaß!

Doch auch für Sie sind die Spielideen kinderleicht und ohne großen Aufwand umzusetzen: Das benötigte Material ist in jedem Haushalt zu finden und kostet nichts. Daher sollte dieses Beschäftigungsbuch auch in keinem Urlaubskoffer fehlen!

Allen kleinen und großen Leuten wünsche ich viele phantasievolle und lustige Spielstunden,

Ihre

*Sabine Seyffert*

# ES KNISTERT UND RASCHELT

**Beschäftigungsideen mit Zeitungen und Papier**

## Richard Regenwurm

**Material:**
Pro Kind ein Bogen Zeitungspapier

**So geht's:**
Jedes Kind erhält einen Bogen Zeitungspapier. Daraus entsteht nun Richard Regenwurm! Wie lang Richard wird, hängt ganz von der eigenen Geschicklichkeit ab. An einer Ecke wird begonnen; von dort reißt man vorsichtig das Zeitungspapier ein, und zwar spiralförmig von außen nach innen.

Sind alle Kinder fertig, werden die Regenwürmer am Boden ausgebreitet. Welcher Regenwurm ist am dicksten, welcher am längsten? Wer Lust hat, kann seinen Richard Regenwurm noch bunt bemalen!

**Tipp:**
Diese Idee ist ein schöner Zeitvertreib für langweilige Autofahrten!

## Verpackungskünstler

**Material:**
Zeitungspapier, Fingerfarben, Buntstifte, Dekorationsmaterial

**So geht's:**
Gerade dann, wenn man dringend Geschenkpapier benötigt, ist keines mehr aufzutreiben! Dann heißt es aus der Not eine Tugend zu machen: Das Geschenk wird einfach in altes Zeitungspapier gewickelt. Die Kinder machen sich nun als kleine Künstler ans Werk und bemalen und bekleben das so eingepackte Geschenk, umwickeln es mit Wollresten usw. Eine solche Verpackung ist sehr originell und persönlich; zudem vermeidet man Müll und schont so die Umwelt!

**Tipp:**
Sammeln Sie in einem Schuhkarton alte Geschenkpapier-Reste, bunte Kinderbilder, die Sie nicht mehr benötigen, Schleifen, Bänder und andere Dinge, womit man ein in Zeitungspapier gewickeltes Geschenk zusätzlich verschönern kann. Die Kinder werden diese Materialien wie einen Schatz hüten und sie bei Bedarf begeistert einsetzen!

# Blätter im Wind

**Material:**
Pro Kind ein Blatt Papier oder ein Stück Zeitungspapier

**So geht's:**
Die Kinder erhalten je ein Blatt Papier. Dabei muss darauf geachtet werden, dass die Papierstücke alle die gleiche Größe haben!
Nun legt jedes Kind sein Papier vor sich auf den Boden. Sobald das Startsignal ertönt, versuchen alle, ihr Stück möglichst rasch auf die andere Zimmerseite zu pusten.

*Spielvariante:*
Man kann das Spiel auch schwieriger gestalten, indem man das Papier nicht mit dem Mund auf die andere Seite pustet, sondern stattdessen mit einem Stück Pappe wedelt, mit einer Luftpumpe Wind erzeugt oder mit der aus einem aufgeblasenen Ballon entweichenden Luft das Papier vorwärts bläst!

**Tipp:**
Für dieses Spiel muss der Bodenbelag recht glatt sein, damit das Papier gut gleiten kann. Am besten probieren Sie vorher aus, welches Zimmer sich überhaupt eignet!
Für jüngere Spielerinnen und Spieler sollten Sie übrigens recht kleine Stücke Papier wählen, da sich diese einfacher vorwärts befördern lassen.

# Eine Elefanten-Giraffen-Zebra-Maus?!

**Material:**
Pro Kind ein DIN-A4-Blatt Papier und ein Buntstift

**So geht's:**
Jedes Kind erhält ein Blatt Papier und einen Stift. Das Papier wird quer genommen und wie eine Ziehharmonika gefaltet, sodass fünf gleich große Teile entstehen. Nun malt jedes Kind auf den ersten Teil einen Kopf von einem beliebigen Tier.

Dabei dürfen die anderen aber nicht gucken, das nimmt den Spaß am Spiel!
Wer seinen Tierkopf fertig hat, klappt diesen Teil des Blattes nach hinten um, sodass man nichts mehr erkennen kann, und schiebt den Zettel an seinen linken Nachbarn weiter. Jetzt malt jedes Kind einen Tierhals, klappt um, schiebt den Zettel weiter und in gleicher Weise werden dann Bauch, Beine und die Füße gezeichnet.

Sind alle Bilder fertig, werden sie auseinander gefaltet und begutachtet. Welche Tiermischung ist wohl die lustigste und außergewöhnlichste?

**Tipp:**
Halten Sie etwas bunten Tonkarton und Klebstoff bereit. Dann kann jedes Kind sein Tier auf ein Stück Tonkarton kleben und hat somit ein schön gerahmtes Bild. Die Zeichnungen können Sie dann nebeneinander an eine freie Wand hängen.

# Fädelkarte

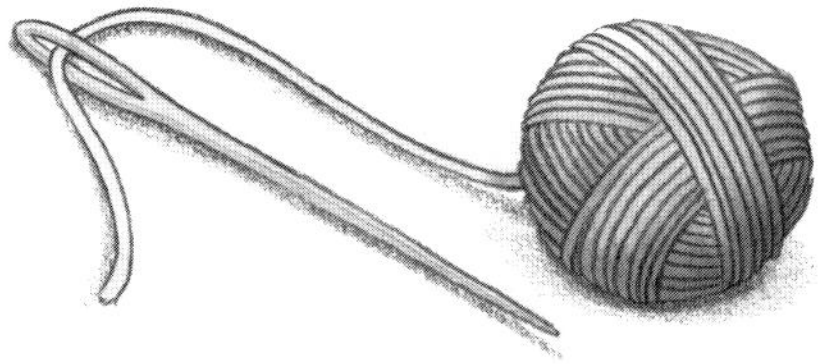

**Material:**
Ein Stück Tonkarton in Postkartengröße, eine Lochzange, Stickgarn oder dünne Wollreste, eine dicke stumpfe Teppichnadel

**So geht's:**
Zunächst wird die Lochkarte vorbereitet. Dazu pikst man mit Hilfe der Lochzange viele kleine Löcher in den Tonkarton, bis dieser aussieht wie ein „Schweizer Käse". Nun wird das Stickgarn auf die Nadel gefädelt und durch die Karte gezogen. Kleine Kinder haben einfach Spaß daran, die Löcher zu treffen und das Garn kreuz und quer zu fädeln. Ältere können sich an einfachen Motiven versuchen, beispielsweise einer Sonne, einem Herz oder sogar einem Tier. Ein toller Zeitvertreib für lange Autofahrten!

**Tipp:**
Wenn Sie sich die Vorbereitung sparen möchten, können Sie auch fertige Lochkarten in gut sortierten Bastel- oder Schreibwarenläden kaufen.

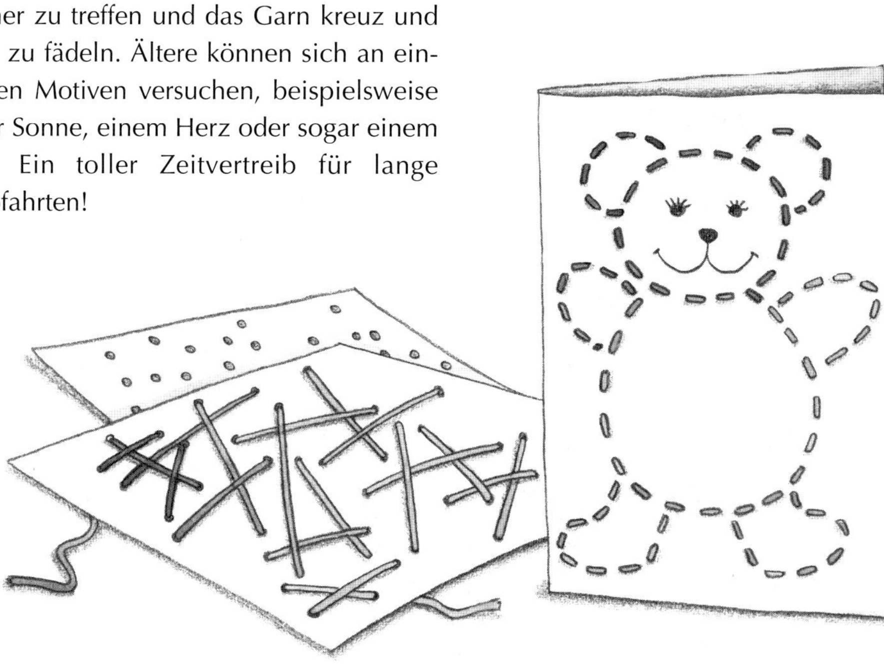

## Verflixtes Puzzle

**Material:**
Pro Kind ein Stück Tonkarton und ein Briefumschlag, Schere

**So geht's:**
Als Vorbereitung wird aus je einem Stück Tonkarton eine markant geformte Figur ausgeschnitten, zum Beispiel eine Sonne, eine Wolke, ein Auto, ein Elefant. (Am besten wählt man dazu auch den Tonkarton in der passenden Farbe aus.) Mit Hilfe von Stiften werden die Motive zusätzlich hervorgehoben und verdeutlicht; sonst wird es für jüngere Kinder zu schwierig.

Dann zerschneidet man jede Figur zu einem Puzzle. Die Anzahl und Größe der Teile sollten dabei dem Können der Kinder entsprechen. Jedes Puzzle wird in einem Briefumschlag verwahrt.
Zu Spielbeginn erhält jedes Kind einen solchen Briefumschlag. Nach dem Startpfiff beginnt jedes die Puzzleteile herauszuholen und zusammenzusetzen. Wer schafft es als Erstes?

*Spielvariante:*
Nur ein Kind legt jeweils sein Puzzle zusammen und die anderen schauen ihm dabei zu. Wer errät zuerst, um welches Motiv es sich handelt?

# Im Straßenverkehr

**Material:**
Zahlreiche Bogen Zeitungspapier, selbstklebendes Kreppband, dicke Wachsmalstifte, Spielzeugautos

**So geht's:**
Im Kinderzimmer ist heute richtig was los, denn die größten Straßen der Stadt führen mitten durch den Raum! Dazu legt man die Zeitungspapierbogen hinter- und nebeneinander auf den Boden, wobei man auch Kurven und Kreuzungen einbaut. Das Ganze wird schließlich mit Hilfe des Kreppbandes festgeklebt. (Das Kreppband lässt sich später wieder problemlos vom Teppich oder Holzboden abziehen.) Dann werden die Straßen mit Wachsmalstiften ausgemalt.
Wer Lust hat, kann mit roten und grünen Stiften noch einige Ampeln oder gar richtige Verkehrsschilder dazuzeichnen. Ist schließlich alles fertig, rollen die Autos heran. Hui, wie sie durch die Straßen flitzen!

**Tipp:**
Aus Schachteln, kleinen Kartons oder Bauklötzen können sich die Kinder noch Häuser basteln, die sie an den Straßenrand stellen.
Diese Spielaktion wird die Kinder so begeistern, dass ein regnerischer Nachmittag im Nu verfliegt!

# Gut verpackt

**Material:**
Zahlreiche Bogen Zeitungspapier, Schere, pro Kind eine Rolle Klebefilm und einen zu verpackenden Gegenstand

**So geht's:**
Das Zeitungspapier wird in ca. 5 cm breite Streifen geschnitten und in die Mitte gelegt. Jedes Kind erhält eine Rolle Klebefilm und einen Gegenstand, den es einpacken soll, beispielsweise einen Kochlöffel, eine Suppenkelle, ein Sieb, ein großes Spielzeugauto.
Auf los geht's los. Die Gegenstände sollen mit Hilfe des Klebefilms so gut in das Zeitungspapier einpackt werden, dass nichts mehr von ihnen zu sehen ist. Na dann – viel Spaß!

**Tipp:**
Wenn Sie allen Kinder den gleichen Gegenstand zum Einpacken geben, können Sie einen richtigen Verpackungswettbewerb veranstalten!
Je nach Alter der Kinder sollten Sie dazu die Papierstreifen schmaler oder breiter zuschneiden. Auch sollten Sie bei jüngeren Kindern einfache Dinge wählen, beispielsweise ein kleines Buch oder einen Baustein. Ältere Kinder dagegen können sich schon an größeren Teilen versuchen.

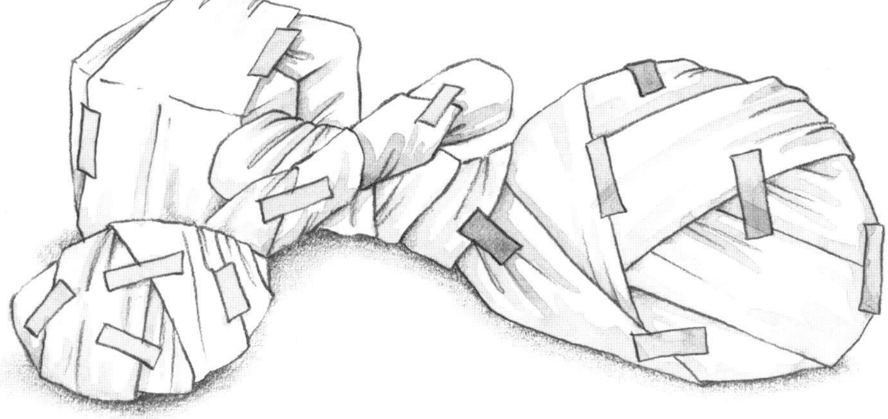

# DA RAPPELT'S IM KARTON!

**Beschäftigungsideen mit Schachteln und Kisten**

# Der Schiefe Turm von Pisa

**Material:**
Zahlreiche Schachteln, Kartons, Pappröhren, Rollen

**So geht's:**
Sämtliche Schachteln, Kartons, Röhren und Rollen liegen auf dem Boden bereit. Die Kinder sollen nun damit einen möglichst hohen Turm bauen. Der darf ruhig so schief wie der Turm von Pisa sein – nur umfallen darf er nicht!

**Tipp:**
Wenn die Kinder mögen, können Sie mit einem Zollstock ausmessen, wie hoch der Schiefe Turm aus Schachteln geworden ist. Falls viele Kinder mitspielen, können Sie sie auch in Mannschaften gegeneinander antreten lassen!

# Karton-Mikado

**Material:**
Zahlreiche Kartons und Schachteln

**So geht's:**
Zunächst bauen alle Kinder gemeinsam aus den Kartons und Schachteln einen schönen stabilen Turm.
Dann setzen sie sich im Kreis um den Turm herum. Ein Kind beginnt und versucht einen der gestapelten Kartons herauszuziehen. Aber Achtung! Der Turm darf weder dabei umfallen noch darf von der obersten Turmschicht ein Karton heruntergenommen werden!

*Spielvariante für ältere Kinder:*
Man kann das Spiel erschweren, indem die herausgezogenen Schachteln wieder auf die oberste Turmetage gelegt werden müssen

# Tohuwabohu

**Material:**
Ein Puzzle mit etwa 20 Teilen, genauso viele kleine Schachteln, Kisten und Kartons

**So geht's:**
Als Vorbereitung wird in den Kartons und Schachteln je ein Puzzleteil versteckt. Dann mischt man alle Schachteln gut durch und türmt sie in der Zimmermitte zu einem großen Haufen aufeinander.
In diesem Tohuwabohu sollen die Kinder nun so schnell wie möglich alle Puzzleteile finden und richtig zusammensetzen. Wie lange mag das wohl dauern?

**Tipp:**
Auch dieses Spiel lässt sich hervorragend als Staffel oder Mannschaftsspiel durchführen und eignet sich somit ideal für einen Kindergeburtstag.

*Spielvariante für jüngere Kinder:*
Man kann das Spiel vereinfachen, indem man in die Schachteln statt der Puzzleteile den Kindern vertraute Materialien füllt, beispielsweise Glöckchen, Murmeln, Holzperlen oder Legosteine. Einige Schachteln allerdings lässt man leer. Durch Schütteln sollen die Kinder zunächst einmal herausfinden, welche Schachteln überhaupt gefüllt sind. Dann können sie noch versuchen den richtigen Inhalt zu erraten.
Oder aber man spielt eine Art Memory. Dazu füllt man die Schachteln mit Gegenstandspaaren und die Kinder sollen die beiden Schachteln finden, die ganz genau gleich klingen. Hierfür sollten sich die Gegenstandspaare aber deutlich voneinander unterscheiden; sonst wird es zu schwierig!

## Unsere kleine Stadt

**Material:**
Große Kartons, Kisten, leere Waschmitteltonnen aus stabiler Pappe, ggf. große Decken und Tücher, Fingerfarben

**So geht's:**
Aus den Kartons und anderen Materialien können sich die Kinder ihre eigene kleine Stadt bauen. Ein großer Karton beispielsweise wird im Nu zu einem Auto, indem sich ein Kind hineinsetzt und ein anderes schiebt. Ein auf den Kopf gestellter Karton bietet einen netten Unterschlupf, in dem man wohnen und es sich mit Decken und ein paar Kissen bequem machen kann. Wenn man mit Hilfe eines Teppichmessers noch eine Tür und ein Fenster hineinritzt, ist das Haus perfekt! Eine Waschmitteltonne stellt einen Tunnel dar, durch den man hindurchkrabbeln oder in dem man sich prima verstecken kann.

Aus den Kartons kann man eigentlich alles bauen, was man sich wünscht! Mit etwas Farbe wird die Stadt noch verschönert: Dem „Auto" werden Reifen gemalt, das Haus erhält einen bunten Blumenkasten unter dem Fenster usw.

**Tipp:**
Diese Spielidee ist ein wunderbarer Zeitvertreib für regnerische Tage, denn die Kinder werden eine ganze Zeit lang mit Bauen und Spielen beschäftigt sein!

# Hochhaus, Auto, Ritterburg

**Material:**
Schuhkartons, leere Papprollen, zahlreiche kleine Schachteln, gesäuberte Milchkartons, Farbe, Pinsel, Klebstoff

**So geht's:**
Aus alten Schachteln, Milchkartons o.Ä. kann man wunderbares Spielzeug herstellen! Aus einem quer gelegten, kleinen Karton bastelt man zum Beispiel ein Auto, indem man zwei Papprollen als Reifen darunter klebt und es dann noch bunt anmalt. Leere Milch- und Schuhkartons werden zu Ritterburgen, wenn man mit Hilfe einer Schere Burgzinnen hineinschneidet.
Mit etwas Phantasie lässt sich eigentlich alles aus Schachteln und Kartons herstellen! Wie wäre es mit einer tollen Landschaft samt Häusern und einem Tunnel, durch den eine Eisenbahn fahren kann?

# Der Wunschkasten

**Material:**
Ein Schuhkarton mit Deckel, Pinsel, Farbe, ggf. Material zum Bekleben

**So geht's:**
Der Schuhkarton wird ganz nach Belieben gestaltet und verziert. Er kann beispielsweise gelb wie ein Briefkasten oder auch ganz bunt angemalt werden. Oder man beklebt ihn mit Muscheln, die man während des letzten Strandurlaubes gesammelt hat.

Diesen Wunschkasten stellt man an einem Ort auf, der für alle Familienmitglieder zugänglich ist. Jeder, der Wünsche hat oder Kritik anbringen möchte, kann dies auf einen Zettel schreiben und in den Wunschkasten werfen. Einmal wöchentlich wird dieser dann gemeinsam, zum Beispiel beim Abendessen, geleert. Die Zettel werden vorgelesen und gemeinsam besprochen.

# Lauter Überraschungen

**Material:**
Ein großer verschließbarer Karton, Teppichmesser, verschiedene kleinere Materialien (beispielsweise ein Stück Fell, eine Muschel, ein Stein, ein Stück Schmirgelpapier, ein Legostein, ein mit Wasser gefüllter Luftballon)

**So geht's:**
Als Vorbereitung werden in die Kartonseiten mit Hilfe des Teppichmessers etwa kinderhandgroße Öffnungen hineingeschnitten. Dann füllt man den Karton mit unterschiedlichen Materialien und verschließt ihn gut. Nun darf ein Kind nach dem anderen seine Hand hineinstecken und versuchen etwas zu finden. Hat es etwas erwischt, soll es durch Fühlen und Tasten erraten, um was für einen Gegenstand es sich handelt.

# Ein Puppenbett

**Material:**
Ein Schuhkarton, ein Tuch, eine kleine Puppe

**So geht's:**
Wie wär's, wenn die Lieblingspuppe Anna heute mal in ihrem eigenen Bett schlafen dürfte? Dazu werden lediglich ein Schuhkarton und passendes „Bettzeug" benötigt. Dieses kann man sich im Handumdrehen aus einem Tuch oder einem kleinen Gästehandtuch zaubern. Wer Lust hat, kann sich auch aus Filz ein kleines Kissen und eine Decke kleben oder nähen, die mit etwas Watte gefüllt werden.

# Karton Kunterbunt

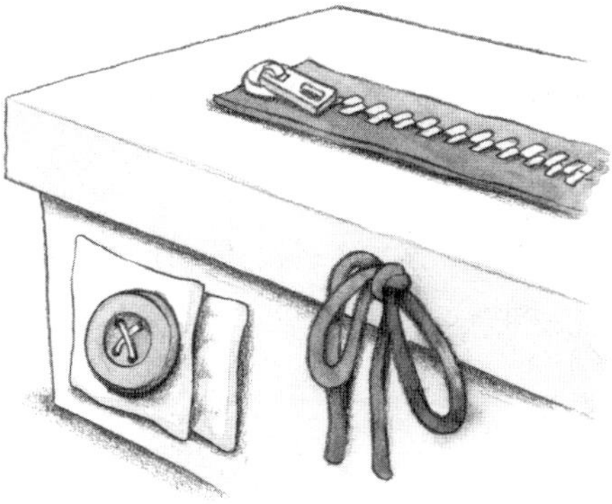

**Material:**
Ein Schuhkarton, Klebstoff, unterschiedliche Materialien wie Reißverschluss, Kordel, Filz, Knöpfe o. Ä.

**So geht's:**
Ein Schuhkarton lässt sich ganz einfach so gestalten, dass man die unterschiedlichsten Sachen damit machen kann. Zum Beispiel:

- Mit einem auf den Deckel geklebten Reißverschluss können die Kinder üben, diesen zu schließen.
- An einer Seite könnten drei Kordelstränge baumeln, aus denen man einen Zopf flechten kann.
- Ein durch die Kartonwand gezogener Schnürbändel eignet sich zum Schleifenbinden.
- Ein Stück Filz wird in der Mitte durchgeschnitten. An eine Seite näht man einige Knöpfe an, die andere erhält die passenden Löcher. So können die Kinder die Knöpfe immer wieder auf und zu machen.
- Die Kartonunterseite kann man in ein Tastfeld verwandeln, indem man beispielsweise Tapeten- und Teppichreste, Schmirgelpapier, Fellstücke oder Watte darauf klebt.

Je mehr man am Karton anbringt, desto abwechslungsreicher und interessanter wird er!

# HIER GUCKT KEINER IN DIE RÖHRE!

**Beschäftigungsideen mit Papprollen**

# Rollende Figuren

**Material:**
Pro Kind eine leere Toilettenpapierrolle, Plakafarbe und Pinsel oder Filzstifte

**So geht's:**
Jedes Kind bekommt eine Papprolle. Diese legt es quer vor sich hin und malt eine lustige Figur, Person oder auch nur ein Gesicht darauf. Wenn die Farbe ganz getrocknet ist, kann die Rolle hin und her gekullert werden. Wer mag, kann Wetten abschließen, in welcher Position die Figur wohl liegen bleibt.

# Riccarda Raupe

**Material:**
Pro Kind eine Papprolle, Pfeifenputzer, Holzperlen, eine spitze Schere, Pinsel, Abtönfarbe

**So geht's:**
Mit Pinsel, Farben und Phantasie lässt zunächst jedes Kind aus seiner Papprolle einen schönen bunten Raupenkörper werden. Für die Raupenbeine werden nach dem Trocknen der Farbe in den „Raupenbauch" mehrere Löcher hineingebohrt, wobei immer jeweils zwei nebeneinander liegen. Durch jedes Lochpaar wird ein Pfeifenputzer gezogen. Jedes Pfeifenputzer-Ende erhält noch eine Holzperle, die man durch Umbiegen des Drahtes befestigt. Schon ist die Raupe fertig. Wer mag, kann ihr mit zwei aufgeklebten Perlen noch tolle Knopfaugen machen!

**Tipp:**
Wenn die Kinder genug mit ihrer Raupe gespielt haben, können Sie diese mit einem Stück Nylongarn als Schmuck unter der Zimmerdecke befestigen. Hängen Sie dazwischen noch einen kleinen Zweig oder aus Tonkarton ausgeschnittene Blätter; das ist noch wirkungsvoller!

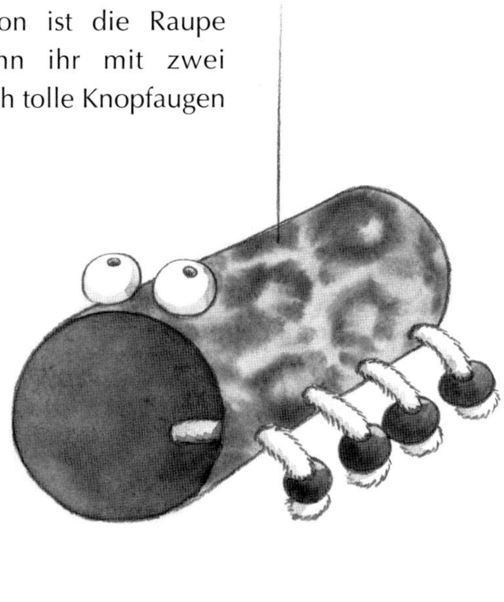

# Gefülltes Bonbon

**Material:**

Eine Papprolle, Geschenkband, Schere, buntes Krepppapier, ein kleines Geschenk (zum Beispiel ein selbst gemaltes Bild, Seifenblasen-Lauge, einige Bonbons, ein kleines Holztier)

**So geht's:**

Das Geschenk wird in die Papprolle gesteckt. Diese wickelt man in Krepppapier ein und bindet die Enden jeweils mit einem Stück Geschenkband zusammen. Fertig ist das gefüllte Bonbon, das sich toll zum Beispiel als Gewinn beim Kindergeburtstag eignet!

**Tipp:**

Füllen Sie die Papprolle noch zusätzlich mit ein paar Luftballons, Konfetti, Glimmer oder bunten Pailletten; das ist dann wirklich eine kunterbunte Überraschung!

## Pusterolle

**Material:**
Pro Kind eine Papprolle

**So geht's:**
Jedes Kind erhält eine Papprolle. Diese legt es vor sich auf den Boden und hockt sich dahinter. Sobald das Startsignal ertönt, heißt es kräftig Luft holen: Jede Rolle soll möglichst schnell zur gegenüberliegenden Zimmerseite gepustet werden!

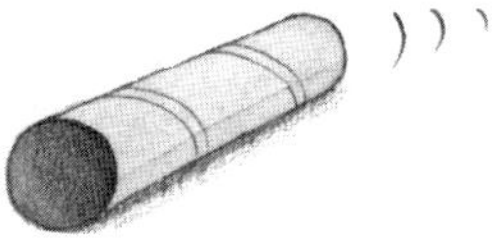

## Nasenrollentanz

**Material:**
Pro Kinderpaar eine lange Papprolle, Kassettenrekorder, Tanzmusik

**So geht's:**
Die Kinder finden sich zu Paaren zusammen. Jedes Paar bekommt eine lange Pappröhre, die es sich zwischen die Nasen klemmt. Die Musik wird angestellt und nun darf schwungvoll getanzt werden, allerdings ohne dass die Rolle herunterfällt! Und die Hände werden dabei selbstverständlich auf dem Rücken verschränkt ...

*Spielvariante für jüngere Kinder:*
Das Spiel kann etwas vereinfacht werden, indem man kürzere Papprollen nimmt und die Kinder sich während des Tanzes mit den Händen an den Schultern festhalten dürfen.

**Tipp:**
Halten Sie für dieses Spiel, das sich übrigens ideal für einen Kindergeburtstag eignet, einen Fotoapparat oder noch besser eine Videokamera bereit. Es lohnt sich!

# Wilde Hexerei

**Material:**
Ein Besen, zahlreiche Papprollen

**So geht's:**
Heute feiern alle kleinen Hexen und Zauberer ausgelassen auf dem Blocksberg! Dabei will jede und jeder beweisen, dass sie oder er über die geschicktesten Zauberkünste verfügt! Ein Kind beginnt und nimmt den Hexenbesen.

Die anderen werfen nun ununterbrochen die Papprollen kreuz und quer in die Luft. Das Kind versucht dabei mit dem Besenstiel innerhalb einer vorher festgelegten Zeitspanne möglichst viele Papprollen aufzufangen!

**Tipp:**
Diese Spielaktion setzt ein hohes Maß an motorischem Geschick voraus und eignet sich daher erst für Kinder ab dem Schulalter.

# Von Finger zu Finger

**Material:**
Eine Papprolle

**So geht's:**
Alle Kinder sitzen im Kreis auf dem Boden. Ein Kind beginnt und steckt sich die Papprolle auf den Zeigefinger. Der rechte Nachbar oder die rechte Nachbarin soll nun mit dem eigenen Zeigefinger die Rolle annehmen und wiederum weiterreichen. Ganz schön kniffelig, aber es kann klappen!

**Tipp:**
Falls viele Kinder mitspielen, können Sie ruhig mehrere Papprollen gleichzeitig im Kreis herumgeben, damit es nicht langweilig wird!

# Wer trifft?

**Material:**
Zahlreiche Papprollen, Abtönfarbe, Pinsel, Murmeln (ersatzweise Pfennigstücke, Steinchen o.Ä.)

**So geht's:**
Als Vorbereitung werden die Papprollen bunt bemalt und mit Zahlen von 1 bis 5 versehen.
Für das Spiel stellt man die Papprollen in einigem Abstand zueinander kreuz und quer auf. Ein Kind nach dem anderen versucht nun die Murmeln in die Papprollen hineinzuwerfen. Pro Treffer erhält es die Punktzahl, die auf der Rolle steht. Wer hat zum Schluss die meisten Punkte?

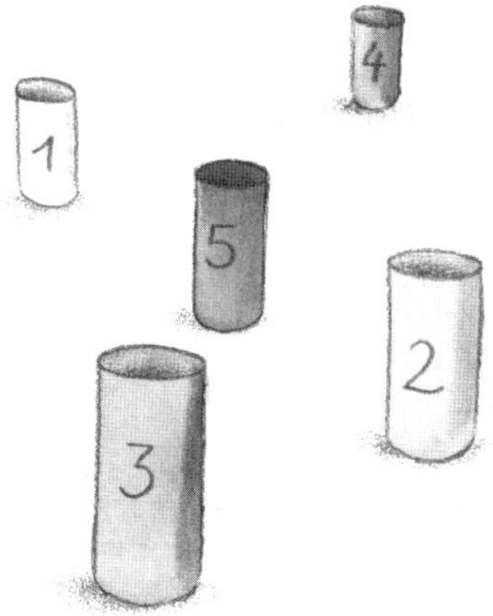

# LEISER FLUG UND LAUTER KNALL

**Beschäftigungsideen mit Luftballons**

# Ballonzwilling

**Material:**
Luftballons, Füllmaterial (zum Beispiel Reis, Salz, Wasser, Papierschnipsel, Stoffreste, Perlen, Pfennigstücke, Konfetti, Watte)

**So geht's:**
Als Vorbereitung werden jeweils zwei Ballons mit dem gleichen Material gefüllt, nicht zu prall aufgeblasen und zugeknotet. Zu Spielbeginn legt man die Ballons in die Zimmermitte. Alle Kinder setzen sich auf den Boden und sollen nun durch Schütteln, Fühlen, Rollen usw. die Zwillingspärchen herausfinden. Am besten versucht ein Kind nach dem anderen sein Glück, denn wenn alle Ballons gleichzeitig bewegt werden, kann man die einzelnen Klänge nicht mehr voneinander unterscheiden!

*Spielvariante für ältere Kinder:*
Ältere Kinder können zusätzlich raten, mit welchem Material die Ballons gefüllt sind. Das ist nicht nur interessant und spannend, sondern schult auch die Wahrnehmung!

# Ich bin soo stark!!!

**Material:**
Pro Kind ein Luftballon

**So geht's:**
Jedes Kind bekommt einen aufgeblasenen Ballon. Dieser darf nun unter lautem Geschrei, Gebrüll und natürlich mit sehr viel Kraft zum Platzen gebracht werden. Wer ist am stärksten und schafft es zuerst?

**Tipp:**
Kinder haben häufig Probleme ihre Gefühle zum Ausdruck zu bringen. Gerade Wut, Stärke und Kraft sind für Kinder oft so gewaltig, dass sie nicht wissen, wie sie damit umgehen können. Diese Spielaktion gibt den Kindern die Möglichkeit sich auszudrücken und abzureagieren, ohne dass andere dabei zu Schaden kommen. Vielleicht haben die Kinder im Anschluss an das Spiel Lust, über ihre Gefühle zu sprechen?!

# Ballonweitflug

**Material:**
Pro Kind ein Luftballon

**So geht's:**
Die Kinder erhalten je einen Luftballon und stellen sich damit in einer Reihe nebeneinander auf. Nach dem Startsignal pusten alle ihren Luftballon so schnell wie möglich auf. Doch anstatt ihn zuzuknoten, lässt jedes Kind seinen Ballon dann einfach los, damit dieser fortsaust. Welcher Ballon fliegt so am weitesten?

**Tipp:**
Lassen Sie die Kinder mit Hilfe eines Zollstocks ausmessen, wie weit die Ballons geflogen sind, bevor es in die nächste „Trainingsrunde" geht. Auch sollten Sie den Kindern wasserfeste Stifte geben, mit denen sich jeder seinen Ballon kennzeichnen kann. So vermeiden Sie unnötige Streitereien.

*Spielvariante:*
Nach einer Weile kann der Ballonweitflug in einen Ballon-Hochsprungwettbewerb geändert werden. Dazu werden einfach in verschiedenen Höhen Kordeln aufgespannt, über die die Ballons hinüberfliegen sollen!

*Achtung!*
*Führen Sie diese Spielaktion nur mit älteren Kindern durch! Die Spielerinnen und Spieler müssen den Ballon eigenständig aufblasen können, ohne Gefahr zu laufen ihn zu verschlucken!*

# Schlangentanz

**Material:**
Einige Luftballons, Tanzmusik, ein Kassettenrekorder

**So geht's:**
Die Kinder stellen sich alle in einer Reihe hintereinander auf. Zwischen den Kindern werden dann in Bauch- bzw. Rückenhöhe die aufgeblasenen Ballons eingeklemmt. Diese dürfen ab jetzt nicht mehr mit den Händen berührt werden!
Nun wird die Tanzmusik eingespielt und die Ballonschlange setzt sich in Bewegung. Erst ganz vorsichtig und dann immer schneller, kreuz und quer, hin und her schlängelt sie!

Nach einer Weile kann die Schlange auch mal rückwärts tanzen oder über kleine Kissen hüpfen. Aber Vorsicht und gut aufgepasst! Es dürfen keine Ballons herunterfallen und verloren gehen!
Nach einiger Zeit wird gewechselt und ein anderes Kind bildet vorn den Schlangenkopf, um zu bestimmen wohin die Ballonschlange tanzen soll.

**Tipp:**
Dieser lustige Schlangentanz ist bei Kindern sehr beliebt. Er macht Spaß, befriedigt den Bewegungsdrang und stärkt das Zusammengehörigkeitsgefühl!

# Heute sind wir Straßenfeger

**Material:**
Ein Riesenballon (Durchmesser mind. 90 cm), Luftballonpumpe, ein Besen mit weichen Borsten

**So geht's:**
Mit Hilfe der Pumpe wird der Riesenballon aufgeblasen, bis er richtig schön rund und riesengroß ist. Dann bekommt das erste Kind einen Besen und ist nun der „Straßenfeger". Vor ihm auf dem Boden liegt der ganze „Müll", also der Riesenballon. Jetzt soll der Straßenfeger die Straße so schnell wie möglich von dem riesigen Abfallberg befreien. Dazu kehrt er den Ballon an das andere Ende des Zimmers. Dann geht es schnell zurück, damit das nächste Kind fegen kann.

*Spielvariante für ältere Kinder:*
Anstatt des Riesenballons können auch ungefähr fünf kleine Ballons genommen werden. Das macht das Spiel ganz schön kniffelig, denn die Ballons werden vom Besen immer wieder in verschiedene Richtungen getrieben!

**Tipp:**
Wenn Sie im Zimmer nicht so viel Platz haben, können Sie mit den Kindern auch eine andere Strecke vereinbaren. So kann der Müll beispielsweise vom Kinderzimmer bis an die Wohnungstür und wieder zurück gefegt werden.
Der Riesenballon zerplatzt übrigens nicht so schnell, wenn Sie um die Borsten des Besens einen Kissenbezug oder einen Stoffrest binden.
Falls Sie einen solchen Ballon nicht zur Verfügung haben, können Sie auch ganz normale Ballons für diese Spielaktion verwenden. Dann benötigen Sie auch nur einen kleinen Besen zum Fegen.

## Ballonbalance

**Material:**
Pro Kind ein runder Luftballon und eine leere Toilettenpapierrolle, einige Stühle oder Pappkartons

**So geht's:**
Mit Hilfe der Stühle oder Kartons wird im Raum eine Slalomstrecke aufgebaut. Alle Kinder stellen sich hintereinander auf. Jedes hält in seiner Hand eine Toilettenpapierrolle und balanciert darauf einen aufgeblasenen Ballon.

Nun geht es los: Im Slalom laufen die Kinder um die aufgestellten Hindernisse herum. Der Ballon darf dabei natürlich nicht herunterfallen und auch die Hände dürfen nicht zu Hilfe genommen werden! Wer mag, kann auch die Zeit stoppen. Wer hat die Slalomstrecke am schnellsten durchlaufen, ohne den Ballon zu verlieren?

*Spielvariante für ältere Kinder:*
Um das Spiel zu erschweren, können die Kinder auch während des Laufs in jeder Hand eine Papprolle halten, auf denen sie also insgesamt zwei Ballons balancieren müssen!

## Ballon im Kreis

**Material:**
Ein Holzreifen, ein Luftballon

**So geht's:**
Alle Kinder sitzen auf dem Boden um den Holzreifen herum. In dessen Mitte liegt der aufgeblasene Ballon. Nach dem Startsignal soll jedes Kind versuchen den Ballon aus dem Reifen zu pusten und gleichzeitig verhindern, dass er dort, wo man selbst sitzt,herausfliegt! Derjenige, bei dem der Ballon schließlich aus dem Kreis fliegt, muss eine Runde aussetzen.

**Tipp:**
Wenn Ihnen kein Holzreifen zur Verfügung steht, können Sie auch mit Kreppband einen Kreis auf den Boden kleben. Im Freien lässt sich der Kreis leicht mit Kreide oder vielen kleinen Steinen markieren.

## Ab mit dir!

**Material:**
Pro Kind ein Luftballon und ein Tuch (mindestens 45 x 45 cm)

**So geht's:**
Jedes Kind erhält einen aufgeblasenen Ballon und ein Tuch. Mit Hilfe des Tuchs soll nun versucht werden, den Ballon möglichst schnell auf die andere Zimmerseite zu treiben. Wer hat die beste Technik?

*Spielvariante:*
Jeweils zwei Kinder stellen sich gegenüber und spielen sich mit den Tüchern den Ballon gegenseitig zu.
Gemeinsam können auch alle Kinder verschiedene Möglichkeiten ausprobieren, den Ballon auf die andere Zimmerseite zu befördern: mit dem Tuch wedeln, den Ballon mit dem Tuch vorwärts schieben o.Ä.

# Da oben auf dem Berge

**Material:**
Zahlreiche Luftballons, eine Flasche mit breiter Öffnung

**So geht's:**
Da oben auf dem Berge sitzt ein dicker Troll. Und der will keinen anderen neben sich sitzen lassen! Die anderen Trolle aber werden versuchen ihn zu vertreiben!
Auf einer Flasche liegt ein aufgeblasener Ballon. Das ist der Troll hoch oben auf dem Berge. Die anderen Trolle (die Kinder) stehen oder hocken in einem Abstand von etwa einem Meter um die Flasche herum und versuchen mit den anderen Ballons den Troll von dem Berg zu vertreiben. Wer wirft seinen Ballon so geschickt, dass der Troll-Ballon von der Flasche fällt?

*Spielvarianten:*
Jedes Kind erhält nur einen aufgeblasenen Ballon, der zusätzlich markiert wird. Derjenige, der den Troll dann vom Berg vertreibt, darf seinen Troll, also den eigenen Ballon, auf dem Berg postieren.
Oder aber jeweils ein Kind spielt den Troll, der seinen auf der Flasche liegenden Ballon verteidigt. Es soll versuchen zu verhindern, dass die von den anderen geworfenen Ballons treffen, und muss gleichzeitig aufpassen, dass durch seine Bewegungen sein eigener Ballon nicht herunterfällt!

# EINE RUNDE SACHE

**Beschäftigungsideen mit Bällen, Kugeln und Murmeln**

# Lustiges Kullern

**Material:**
Einige Murmeln, Schere, ein Deckel von einem Schuhkarton

**So geht's:**
Als Vorbereitung werden in den Deckel des Schuhkartons mit der Schere einige Löcher gebohrt. Diese müssen so groß sein, dass man die Murmeln darauf legen kann, ohne dass sie hindurchfallen.
Für das Spiel werden dann der Anzahl der Löcher entsprechend Murmeln in den Deckel gelegt. Die Kinder sollen nun versuchen den Deckel so hin und her zu bewegen, dass die Murmeln auf den Löchern liegen bleiben. Eine verflixt kniffelige Sache!

*Spielvariante für jüngere Kinder:*
Für jüngere Kinder wird es leichter, wenn die Löcher größer gebohrt werden. Die Murmeln im Deckel sollen dann so hin und her gekullert werden, dass sie durch die Löcher hindurchfallen.

**Tipp:**
Anstelle eines Schuhkartondeckels können Sie auch den Deckel einer Käseschachtel nehmen. Wenn Sie dann noch etwas Cellophanfolie darüber spannen und festkleben, passt dieses Spiel noch wunderbar ins Reisegepäck!

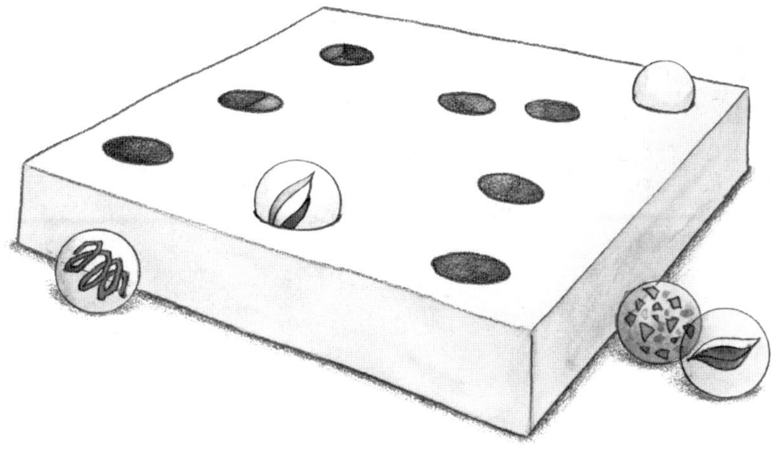

# Gefahrentransport

**Material:**
Zwei Schaschlikstäbe aus Holz, ein Tischtennisball

**So geht's:**
Ein Kind beginnt und erhält zwei Schaschlikstäbe. Mit Hilfe der Stäbe soll der Tischtennisball nun eine vorher abgesprochene Strecke entlang transportiert werden. Dabei darf der Ball aber nicht herunterfallen und die Hände dürfen nicht zu Hilfe genommen werden! Dann ist das nächste Kind an der Reihe.

**Tipp:**
Damit keinem Kind langweilig wird, weil es zu lange warten muss, können Sie ruhig mehrere Schaschlikstäbe und Tischtennisbälle bereithalten. So können immer einige Kinder gleichzeitig spielen.
Nach einigen Minuten Probezeit können Sie dann dieses Spiel auch als Staffel durchführen. In dem Fall sollten aber mindestens 8-10 Kinder mitmachen.

# Bauchtanz

**Material:**
Pro Kind eine Murmel

**So geht's:**
Die Kinder legen sich auf den Boden und ziehen ihre Pullis oder T-Shirts so hoch, dass der Bauch frei ist. Auf den Bauch legt sich nun jedes Kind eine Murmel und versucht diese hin und her zu kullern und tanzen zu lassen. Mit etwas Glück landet die Murmel schließlich im Bauchnabel! Wer bekommt sie dann aus dem Bauchnabel wieder heraus, ohne dass die Hände mithelfen?

**Tipp:**
Wenn Sie dazu im Hintergrund lustige Musik laufen lassen, macht diese Spielaktion noch mehr Spaß!

# Der Untertassenbällelauf

**Material:**
Eine Untertasse, ein Ball

**So geht's:**
Ein Kind erhält die Untertasse, auf der bereits der Ball liegt. Mit dieser Untertasse soll es nun so schnell wie möglich eine bestimmte Strecke zurücklegen, ohne dass der Ball dabei herunterfällt. Dann wird abgeschlagen und das nächste Kind ist an der Reihe.

*Spielvariante:*
Die Kinder stellen sich im Kreis auf. Ein Kind beginnt und gibt die Untertasse mit dem Ball nach links weiter. Auf diese Weise geht der Ball nun möglichst schnell reihum. Wem er dabei von der Untertasse rollt, muss in die Mitte. Dort kann er oder sie nach einiger Zeit „Stopp" rufen; dann muss die Untertasse samt Ball sofort in die andere Richtung wandern. Verschläft ein Kind diese Anweisung oder fällt ihm beim Richtungswechsel der Ball herunter, muss es nun selbst in die Mitte!

**Tipp:**
Lassen Sie die Kinder mit den Materialien experimentieren: Wer schafft es den Ball auf der Untertasse richtig schnell im Kreis laufen zu lassen, ohne dass er dabei herunterfällt? Wer kann den Ball hoch in die Luft werfen und mit der Untertasse geschickt wieder auffangen?

# Untendrunterdurch!

**Material:**
Pro Kind ein sehr kleiner Ball

**So geht's:**
Jedes Kind erhält einen kleinen Ball. Ruft der Spielleiter oder die Spielleiterin „Untendrunterdurch!", heißt es schnell reagieren: Der kleine Ball muss nun am Hals durch den Pulli oder das Hemd gesteckt werden und von dort aus hinunter durch die gesamte Kleidung wandern, bis er unten am Hosenbein schließlich wieder herausplumpst!

# Von Fuß zu Fuß

**Material:**
Ein Tischtennisball oder eine große Glasmurmel

**So geht's:**
Die Kinder ziehen sich Schuhe und am besten auch noch Strümpfe aus. Dann setzen sie sich in einem Kreis auf den Boden. Ein Kind beginnt und hebt den Ball mit seinen Füßen vom Boden auf.

Es reicht ihn an seine rechte Nachbarin oder seinen rechten Nachbarn weiter, der ihn mit seinen Füßen in Empfang nimmt. Auf diese Weise wandert der Ball eine Weile im Kreis umher, bis er hinunterfällt. Dann wird die Richtung geändert.

# Wut tut gut

**Material:**
Ein Kopfkissenbezug, weiche Materialien wie alte Stoffreste, Watte, Socken

**So geht's:**
Der Kopfkissenbezug wird mit den Stoffresten und anderen weichen Materialien prall gefüllt und zugeknöpft. Dieser große weiche „Ball" ist vielseitig verwendbar. Wunderbar eignet er sich, um angestaute Gefühle wie Wut oder Ärger abzureagieren. Man kann in ihn hineinboxen, fest treten, richtig kneifen, an ihm rupfen, ihn in die Ecke pfeffern usw. Dem Ball tut das nicht weh und auch die Kinder selbst können sich an dem weichen Material nicht verletzen!

**Tipp:**
Natürlich eignet sich dieser Kopfkissenball auch einfach nur zum ausgelassenen Spielen und Toben; die Kinder können sich beispielsweise auf ihn draufsetzen, mit ihm herumkullern oder gemeinsam Werfen und Fangen spielen.

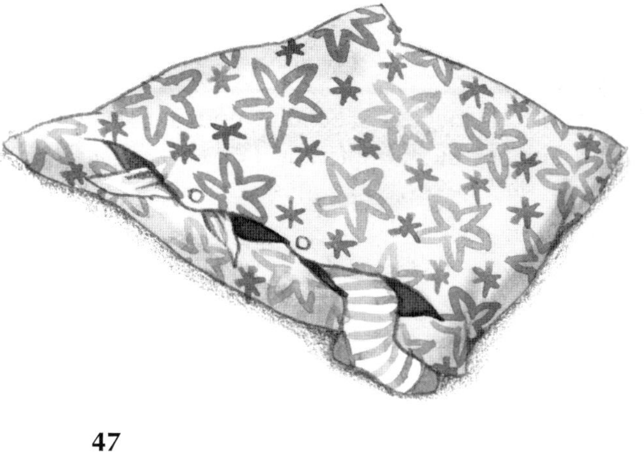

# AUF TUCHFÜHLUNG

**Beschäftigungsideen mit Tüchern und Decken**

# Kommt ein Tuch geflogen

**Material:**
Pro Kind ein Taschentuch

**So geht's:**
Alle Kinder stellen sich nebeneinander in einer Reihe auf (ggf. kann mit Kreppband eine Linie auf dem Boden markiert werden). Dann erhält jede Spielerin und jeder Spieler ein Taschentuch. Los geht's: Die Kinder sollen nun versuchen ihre Taschentücher möglichst weit zu werfen. Wer gewinnt?

**Tipp:**
Wenn die Kinder mögen, können sie auch einfach nur ein wenig experimentieren: Fliegt ein Taschentuch aus Papier weiter als eines aus Stoff? Fliegt das Taschentuch weiter, wenn man einen Knoten hineinmacht?

## Das kleine Gespenst

**Material:**

Pro Kind ein weißes Stofftaschentuch und eine große Holzperle (ersatzweise eine Styroporkugel mit Loch), schwarzer Stift, Klebstoff

**So geht's:**

Die kleinen Gespenster können von allen Kindern gemeinsam gebastelt werden: Dazu klebt man einfach die Taschentücher so auf die Holzkugel, dass sie seitlich gleichmäßig herunterhängen; das Loch der Kugel muss dabei nach unten zeigen. Die Gespenstergesichter werden mit Filzstift auf die entsprechende Stelle der Tücher gemalt - fertig!

Wenn man nun seinen Finger unter das weiße Gespenstergewand in die Kugel hineinsteckt, hat man eine tolle Fingerpuppe zum Theaterspielen!

Folgendes Fingerspiel könnte man mit den kleinen frechen Kerlchen machen:

| | |
|---|---|
| Ein Gespenst, ganz frech und klein,<br>sitzt auf meinem Fingerlein. | *Das Gespenst hochhalten und zeigen.* |
| Dort spukt es auf seine Weise,<br>mal ganz laut und mal ganz leise. | *Ganz laut schreien, dann flüstern.* |
| Es geistert völlig munter,<br>hier mal rauf und dort mal runter. | *Gespenst rauf- und runtertanzen lassen.* |
| Plötzlich ist es einfach weg:<br>verschwunden, spurlos im Versteck! | *Hinter dem Rücken verschwinden lassen.* |
| Gespenst, du kleines, komm herbei,<br>dann spuken wir zu zweit – auwei! | *Gespenst rufen.* |
| Wir geistern und albern froh herum,<br>denn das wird uns gar nie zu dumm! | *Lachen, albern, Gespenst tanzen lassen.* |
| Jetzt rufen wir: „GESPENSTERSCHRECK!!!"<br>Da sind auf einmal alle weg! | *Rufen und Gespenst verschwinden lassen.* |

**Tipp:**
Wer schließlich keine Lust mehr zum Spielen hat, kann sein Gespenst an einem Bindfaden befestigen und unter die Zimmerdecke oder ans Fenster hängen!

## Das bewegte Laken

**Material:**
Ein großes Bettlaken oder ersatzweise eine Tischdecke

**So geht's:**
Alle Kinder hocken sich dicht nebeneinander auf den Boden. Hat jedes einen Platz gefunden, wird das Bettlaken so über die Kinder gebreitet, dass alle darunter verschwinden.
Jetzt setzen sich die Kinder langsam in Bewegung. Doch Vorsicht, beim Umherschleichen darf kein Kind verloren gehen und das Laken darf nicht mit den Händen festgehalten werden!

**Tipp:**
Am besten bewegen sich alle erst einmal ganz langsam und achten darauf eng beisammenzubleiben. Nach einer Minute wird dann das Tempo gesteigert. Wie schnell können sich alle bewegen, ohne dass ein Kind oder gar das Laken verloren geht?

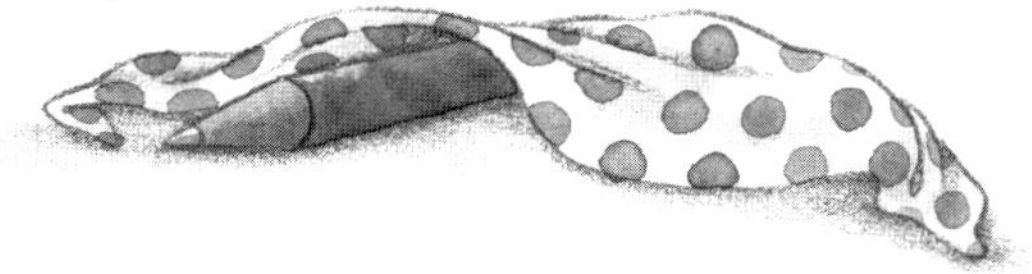

## Verflixte Malerei!

**Material:**
Ein Tuch von mind. 45 x 45 cm Größe, Stifte, Papier

**So geht's:**
Zwei Kinder stellen sich Rücken an Rücken an einen Tisch, auf dem Papier und Stifte bereitliegen. Die Spielleiterin oder der Spielleiter knotet nun mit dem Tuch die zum Tisch zeigenden Handgelenke der beiden Kinder zusammen.
Jetzt sollen die beiden versuchen den Stift zu ergreifen und gemeinsam ein Bild zu malen. Leichter gesagt als getan ...

*Spielvariante für ältere Kinder:*
Ältere Kinder können zusätzlich experimentieren: Fällt das gemeinsame Malen leichter, wenn die Ober- oder Unterarme zusammengebunden werden? Lässt es sich einfacher malen, wenn beide oder wenn nur einer den Stift beim Malen festhält?

**Tipp:**
Damit es nicht zu schwierig wird, geben Sie am besten ein leichtes Motiv zum Malen vor, wie zum Beispiel ein Elefant, ein Schwein, eine Blume oder ein Baum. Übrigens ist das ein hervorragendes Spiel für eine Kinderparty, bei dem der Spaß garantiert ist!!!

# Kostbare Fracht

**Material:**
Kleine Handtücher

**So geht's:**
Immer zwei Kinder finden sich zusammen und stellen sich Schulter an Schulter. Zwischen die Schultern klemmen sie sich ein Tuch. Nun setzen sich die beiden Kinder vorsichtig in Bewegung und versuchen eine bestimmte Strecke zurückzulegen, ohne dass das Tuch dabei herunterfällt! Anschließend können die beiden das Tuch auch mal zwischen ihre Beine klemmen, zwischen die Pos oder auch die Nasen. Was fällt den Kindern wohl noch ein?

*Spielvariante für ältere Kinder:*
Um diese Spielaktion für Kinder im Schulalter attraktiver zu machen, kann man einen kleinen Hindernisparcours aufbauen, den die Kinderpaare absolvieren sollen. Mit einem Tuch zwischen den Pos über einen Karton zu klettern oder unter einem Tisch herzukrabbeln ist gar nicht so einfach!

# Alle Farben, gebt gut Acht!

**Material:**
Ein Farbwürfel, pro Kind ein Tuch in einer der Farben

**So geht's:**
Ein Kind bekommt den Farbwürfel. Alle anderen Kinder halten jeweils ein Tuch in der Hand und stehen in einigem Abstand um den Würfel herum. Das erste Kind beginnt zu würfeln. Nun heißt es schnell reagieren, denn es soll ein Kind mit dem Tuch in der angezeigten Farbe fangen. Hat es das geschafft, muss dieses sein Tuch abgeben und als Nächstes würfeln.

**Tipp:**
Je mehr Kinder an diesem Spiel teilnehmen, desto lustiger und vor allem bewegungsreicher wird es!

# Aufgepasst, es landet was!

**Material:**
Ein Tuch pro Kind

**So geht's:**
Jedes Kind erhält ein Tuch. Dieses darf es hoch in die Luft werfen. Doch gut aufgepasst, das Tuch soll sanft auf dem Kopf einer Mitspielerin oder eines Mitspielers landen, ohne dass die Hände mithelfen. Wer bekommt das hin?

**Tipp:**
Wenn Sie weiße Tücher haben, können die Kinder nach „geglücktem Flug" auch noch Gespenster spielen!

# WILDES REMPELN, SANFTES SCHAUKELN

**Beschäftigungsideen mit Kissen**

## Weg damit!

**Material:**
Pro Kind mindestens ein Kissen

**So geht's:**
Jedes Kind erhält ein Kissen. Das darf es nun mit großer Wucht auf den Boden werfen oder mit seiner ganzen Kraft vor die Wand pfeffern! Welches Kissen prallt am lautesten auf?

**Tipp:**
Diese Spielaktion hilft den Kindern angestaute Wut oder Kraft auszuleben, ohne dass andere gefährdet oder gar verletzt werden. Wenn die Kinder mögen, können sie dazu noch lauthals schreien und brüllen! Stellen Sie den Kindern am besten zahlreiche Kissen in den unterschiedlichsten Formen und Größen zur Verfügung. Geben Sie den Kissenberg zum Schluss zur wilden Kissenschlacht frei; das wird allen Kindern großes Vergnügen bereiten!

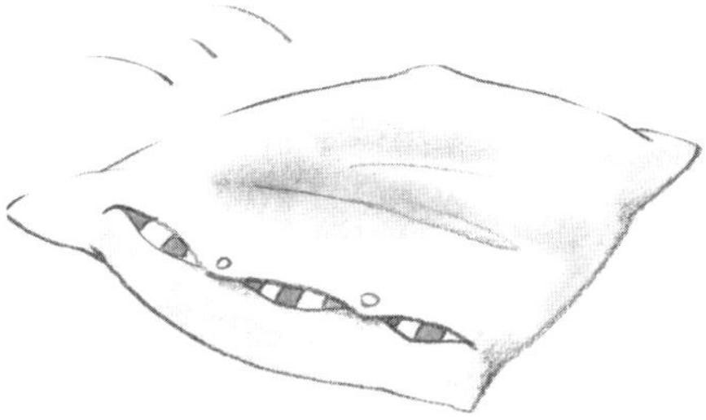

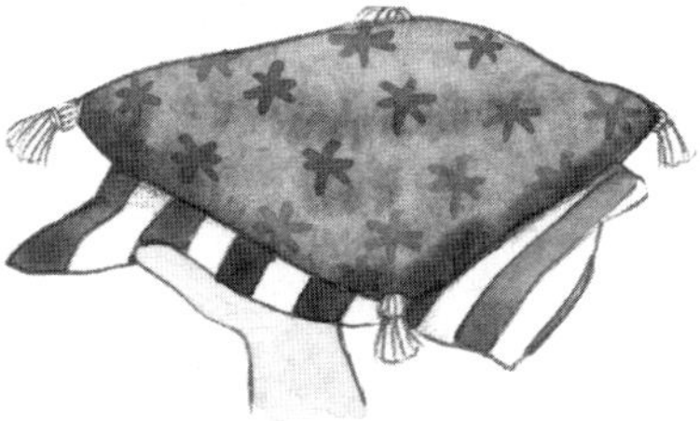

## Ganz schön wacklig!?

**Material:**
Zahlreiche Kissen

**So geht's:**
Ein Kind beginnt und reckt eine Hand so in die Höhe, als würde es ein Tablett darauf balancieren. Auf diese Hand stapeln die anderen Kinder nun einen ganzen Berg an Kissen. Dann geht's los und das Kind mit dem Kissenberg soll eine Runde durch das Zimmer drehen, ohne dass auch nur ein einziges Kissen dabei verloren geht!

*Spielvariante für ältere Kinder:*
Der Schwierigkeitsgrad des Spiels kann dadurch erhöht werden, dass das Kind in jeder Hand einen Kissenberg balancieren muss. Zusätzlich könnte man kleine Hindernisse aufstellen, um die das Kind Slalom laufen soll!

## Lina, pass gut auf!

**Material:**
Ein Kissen, Musikkassette, Kassettenrekorder

**So geht's:**
Alle Kinder verteilen sich im Raum. Das älteste Kind erhält das Kissen und alle beginnen sich im Raum umherzubewegen. Dabei wird im Hintergrund lustige Musik eingespielt. Die Kinder können dazu laufen, hüpfen, tanzen und singen.

Der Spieler oder die Spielerin mit dem Kissen ruft irgendwann den Namen eines anderen Kindes, beispielsweise „Lina, pass gut auf!", und wirft dann das Kissen möglichst hoch in die Luft.
Das aufgerufene Kind muss nun schnell reagieren und das geworfene Kissen auffangen, bevor es auf den Boden plumpst! Dann ist dieses Kind an der Reihe und alle beginnen sich wieder im Raum umherzubewegen.

## Mit dem Kopf durch die Wand

**Material:**
Zahlreiche Kissen

**So geht's:**
Alle Kinder bauen gemeinsam aus den Kissen eine Mauer. Sind alle Kissen verbraucht, darf eines der Kinder all seinen Mut beweisen und mit Anlauf die Mauer einrennen, wobei es in einem herrlichen weichen Kissenhaufen landet. Applaus!

**Tipp:**
Achten Sie darauf, dass jedes Kind einmal an der Reihe ist und seinen „Mut" beweisen darf. Dennoch sollte keines dazu gezwungen werden!

# Humpliger Hüpflauf

**Material:**
Pro Kind ein kleines Kissen

**So geht's:**
Alle Kinder erhalten je ein kleines Kissen und stellen sich nebeneinander an einer Zimmerwand auf. Die Kissen klemmen sie sich zwischen die Knie. Nach dem Startsignal „Humpel, humpel, hüpft jetzt los!", hüpfen alle zur gegenüberliegenden Wand. Wer kommt als Erster dort an, ohne sein Kissen verloren zu haben?

**Tipp:**
Dieses muntere Spiel kann beliebig erweitert werden, indem die Kinder sich weitere Kissen zwischen die Füße, unters Kinn, unter die Arme klemmen und jeweils ein großes Kissen in die Hände nehmen. Wie viele weitere Kissen können die Kinder bei diesem humpligen Hüpflauf wohl noch transportieren?

## Kerzengerade

**Material:**
Pro Kind ein Kissen

**So geht's:**
Ganz einfach und doch nicht leicht: Jedes Kind soll mit einem Kissen auf dem Kopf im Raum umherwandern, ohne dass das Kissen herunterfällt. Die Hände dürfen aber nicht helfen!

**Tipp:**
Lassen Sie im Hintergrund einmal schnelle und einmal langsame Musik laufen, sodass sich die Kinder im Takt mal rascher und mal ruhiger bewegen. Das macht das Spiel interessanter!

# Hüpfende Frösche

**Material:**
Ein Kissen weniger als Kinder mitmachen

**So geht's:**
Die Kissen werden im Raum gleichmäßig auf dem Boden verteilt. Die Kinder stellen sich kreuz und quer auf und sind nun kleine Frösche. Munter quakend hüpfen die kleinen Frösche am Teich umher. Ruft die Spielleitung „Stopp!", muss sich jeder Frosch schnell ein Seerosenblatt (Kissen) suchen und darauf springen. Der Frosch, der kein Seerosenblatt mehr erwischt hat, darf beim nächsten Mal „Stopp!" rufen.

**Tipp:**
Auch zu diesem Spiel können Sie gut Musik im Hintergrund laufen lassen. Vielleicht haben die Kinder auch Lust sich als Frosch zu verkleiden oder sich wenigstens ein paar grüne Punkte ins Gesicht zu malen!

# Wo geht's lang?

**Material:**
Zahlreiche Kissen

**So geht's:**
Bei diesem Spiel sollen die Kinder eine bestimmte Strecke zurücklegen, indem sie nur von Kissen zu Kissen hüpfen. Dazu werden die Kissen auf den Boden gelegt, wobei ihr Abstand zueinander nicht zu groß sein darf. Man kann sie beispielsweise spiralförmig wie ein Schneckenhaus oder in Form einer Schlangenlinie anordnen. Und schon geht's los!

# Die Kissenschaukel

**Material:**
Ein mind. 80 x 80 cm großes Kissen

**So geht's:**
Ein Kind darf es sich auf dem Kissen bequem machen. Die anderen halten das Kissen gemeinsam gut fest und heben es langsam ein Stück in die Höhe. Durch leichtes Hin- und Herbewegen wird das Kind sanft geschaukelt. Wer sich traut, darf auch etwas wilder geschaukelt werden!

**Tipp:**
Bei diesem Spiel sollten zwei Erwachsene anwesend sein, die mithelfen das Kissen festzuhalten. Je größer die Kinder sind, desto weniger Platz ist natürlich auf dem Kissen. Kinder im Schulalter sollte man daher lieber auf einer richtigen Bettdecke schaukeln.

## Die Autorin

Sabine Seyffert, staatl. anerkannte Erzieherin, Entspannungspädagogin und Psychologische Beraterin, ist freiberuflich tätig. Ihre Schwerpunkte bilden Veranstaltungen zu ihren Buchveröffentlichungen sowie Fortbildungsveranstaltungen für PädagogInnen. Seit 1999 bietet sie auch eine Ausbildung zum Entspannungspädagogen für Kinder an.

Beim Menschenkinder Verlag sind bisher folgende Bücher von der Autorin erschienen:

**Ein Himmel voller Luftballons**
*100 Spiele mit Luftballons zum Toben, Entspannen und Träumen*

**Dschungelfest und Ritterparty**
*Entspanntes Feiern mit Kindern*

**Viele kleine Streichelhände**
*Kinder massieren Kinder*

**Meine WeihnachtsZauberwelt**
*Ein Adventskalenderbuch mit vielen Ideen rund um die Weihnachtszeit*

**Im Kribbel Krabbel Mäusehaus**
*Ein Beschäftigungs- und Spielebuch für die Allerkleinsten*

**Laternentanz und Lichterglanz**
*Spiele, Lieder und Basteleien rund um die Laternenzeit*

**Sommer, Spaß und Sonnenschein**
*Tolle Spiel- und Beschäftigungsideen für die heiße Jahreszeit*

**Herzlichen Glückwunsch, Pauli!**
*Ein Spiel- und Spaßbuch für Geburtstagskinder*

**Frühlingsspaß und Osterhas**
*Ein Spiel- und Bastelspaß durch die Frühlings- und Osterzeit*

Wer Interesse an Veranstaltungen und der Ausbildung zum Entspannungspädagogen hat, wird gebeten, sich schriftlich an folgende Anschrift zu wenden.
Bitte legen Sie unbedingt 2,25 € in Briefmarken als Schutzgebühr bei:

Praxis für Entspannungspädagogik und Kreativität
Sabine Seyffert, Postfach 11 05 23
42305 Wuppertal
E-Mail: sabine.seyffert@ooos.de
www.sabine-seyffert.de

# DETLEV JÖCKER & seine Lieder *...durch ein ganzes Kinderleben!*

**Das neueste Abenteuer von Lars, dem kleinen Eisbären** ab 3
CD/MC/LiederSpieleBuch

**Lieder, die durch den Zauber der Weihnachtszeit führen** ab 3
CD/MC/LiederSpieleBuch

**Lern-, Spiel- und Spaßlieder für kleine Racker** von 1-5
CD/MC/LiederSpieleBuch

**Kunterbunte Popmusik für Kids** ab 5
CD/MC

**Lustige Spiellieder für fröhliche Kinder** ab 3
CD/MC/LiederSpieleBuch

**LiederHörSpiel zum Thema Helfen macht Mut** ab 3
CD/MC/LiederSpieleBuch

**Mitreissende Aktions- und Spiellieder** ab 4
CD/MC/LiederSpieleBuch

**Neue Hits für Kids** ab 5
CD/MC/Liedheft

Unser aktuelles Verlagsprogramm mit weiteren Tonträgern und Büchern von Detlev Jöcker schicken wir Ihnen gerne und unverbindlich zu.

**Menschenkinder® Verlag und Vertriebs GmbH,**
**An der Kleimannbrücke 97,**
**48157 Münster**
**Tel. 02 51/9 32 52-0**
**Fax 02 51/32 84 37**
**E-Mail: info@menschenkinder.de**
**http://www.menschenkinder.de**

**→ Mit Hörproben sämtlicher Lieder!**

Menschenkinder®